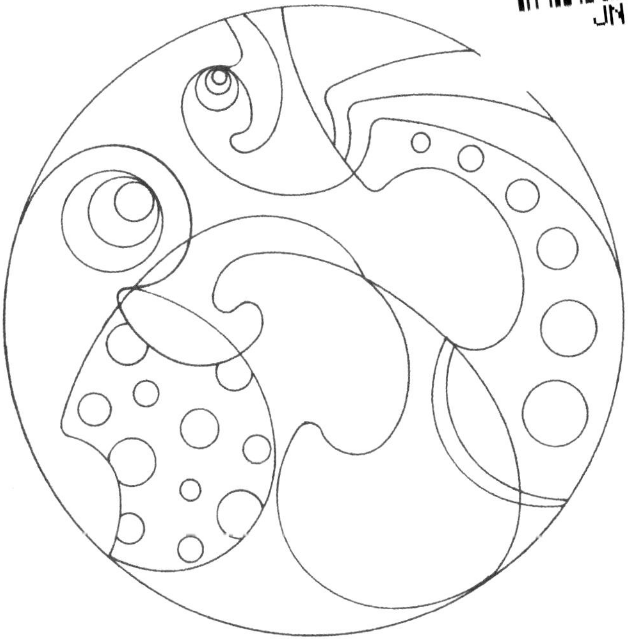

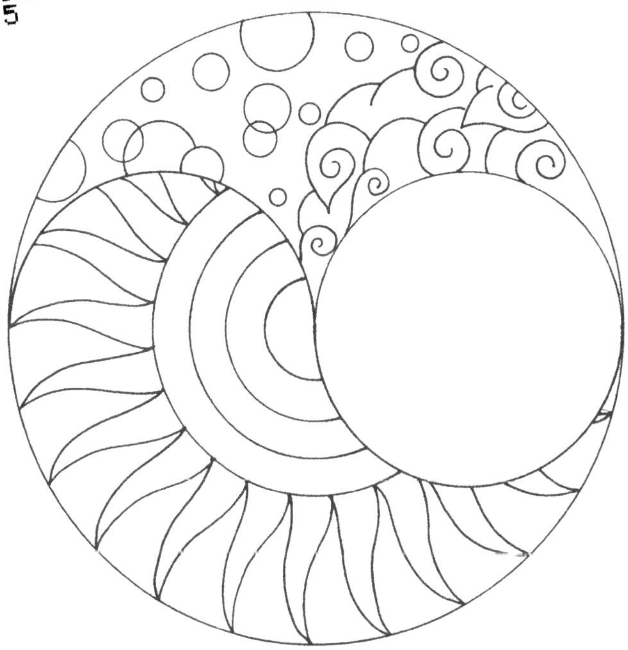

切り取ってお使いください

切り取ってお使いください

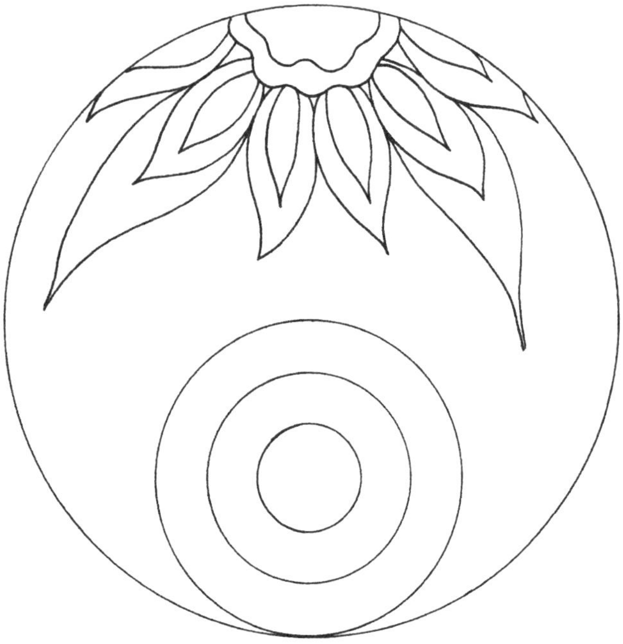

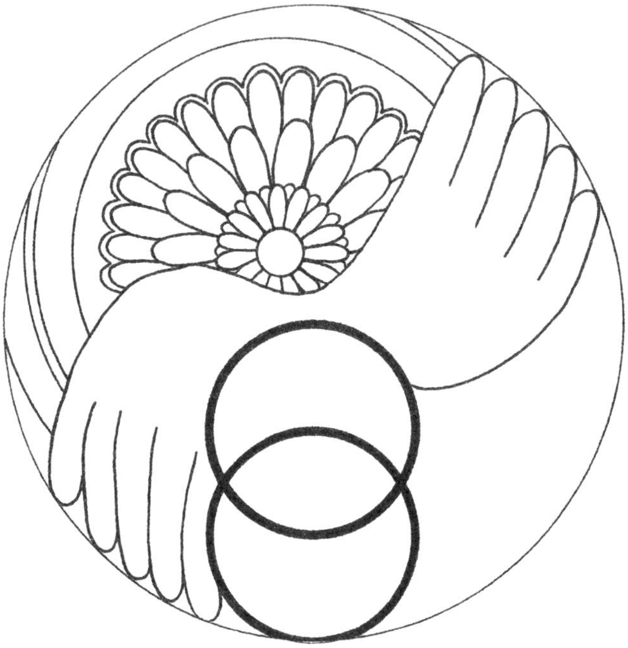

新感覚の「塗り絵＆内観メソッド」で気づく

ほんとうの私を見る練習

スピリチュアル・アートブック

奥平 亜美衣
レイチェル・マツダ 共著
Naosenyum 絵

まえがき

奥平亜美衣

あなたがもし自分の望み通りの人生を生きたいのなら、まず、自分のことを知らなくてはいけません。自分のことというのは、一番知っているようで、わからない部分も多いものです。見たくない部分を見ないようにしていたり、わかったふりをしていたり……。

よほど、自分の本音に素直に生きてきた人でなければ、自分を知っている、とは言えないもの。自分は何を望んでいて、何を望んでいないのか、何に喜びを感じ、何に不安を感じるのか……。あらためて向き合ってみると、頭で考えているだけではわからない場合も多々あります。

本書でご紹介するフォーチュンアートは、絵という表現を使って自分を知るひとつの方法です。

私自身、私の描いた絵によって、自分についての新しい発見がいくつもありました。また、何も発見がなかったとしても、絵を描くことにより自分の内側を外側へ出してあげるだけで、何かが解放される癒しの感覚がある筈です。

あなたが描く絵は、あなたの心の奥深いところから湧き出てくる魂のメッセージ。複雑なあなたの心を目に見える形で映し出してくれるものです。

いつも忙しく働いている思考を少しだけ鎮めて、自分の心や感覚に身を委ねてみましょう。そして、あなたの心を表現してみましょう。そうすることで、まだ見ぬ自分、より本質に近い自分に出会えるでしょう。

あなたが本当の自分、そして自分の望んでいることを知れば知るほど、あなたの人生は、あなたの魂が望んでいた通りに展開していきます。喜びあふれた人生を創っていくために、是非、このフォーチュンアートを取り入れてみてください。

著者紹介

奥平 亜美衣

作家
1977 年 兵庫県生まれ、お茶の水女子大学卒。大学卒業後、イギリス・ロンドンに約半年、インドネシア・バリに約４年間滞在し、日本へ帰国。ごく普通の会社員兼主婦生活を送っていたが、2010 年に書籍『アミ小さな宇宙人』（徳間書店）に出会ったことで、スピリチュアルの世界に足を踏み入れる。2012 年『サラとソロモン』（ナチュラルスピリット）と出会い、「引き寄せの法則」に従って、「いい気分を選択する」ことを実践したところ現実が激変。その経験を伝えるべくブログを立ち上げると、わかりやすい「引き寄せ」ブログとしてたちまち評判になり、約１年で出版という夢を叶えることに。
『「引き寄せ」の教科書』（Clover 出版）をはじめ、著書は次々とベストセラー、累計部数は 57 万部を突破。現在はバリに移住し、執筆業を中心に活動中。
「引き寄せ」で夢を叶え、望む人生を手に入れるということを自らの人生で体現し続けている。

オフィシャルブログ
https://lineblog.me/amyokudaira/

レイチェル・マツダ
（松田範子）

アートセラピスト
フォーチュンアートマスター
「自閉症の息子の心の声を聞きたい！」という想いからアートセラピーの世界へ。
アートが心のバランスを整えること、言葉で表現できない想いをメッセージとして届けてくれることを、多くのクライアントさんを通じて確信する。数年を経たのち、それまでの「癒し」から、「未来の創造」をテーマにした体験型ワークショップ《輝く未来をつくる　フォーチュンアート》を確立するに至り、日本全国をはじめ世界に発信する活動を始める。今春より、共に活動するファシリテーターの養成も開始。
HP　http://www.sanctuary-planning.com/

Naosenyum
（ナオセニュン）

離婚をきっかけに、念願であったバリへ訪れた時、絵の奥深さと出会うことに。自分が抑え込んでいた感情を表現するツールとして、絵を描き続けていきたいとその時決意し、さまざまな方法を試したのちに、タングルや点描画を採り入れた独自の画法を考案する。自身のインスピレーションや感情をもとに、見る人に気づきをもたらす絵 "Notice Art" の創作活動に取り組んでいる。
HP　https://peraichi.com/landing_pages/view/notice-art/

心を映す フォーチュン アートに挑戦！

思うままに塗り絵をしながら、心の中を読み解いていくフォーチュンアート。目に見えない「心」が映し出され、自分を理解できる楽しいワークです。

【本当の幸せを選択しよう】

誰だって幸せな人生を送りたいものです。では、あなたにとって「幸せ」とはなんでしょうか？　自分自身のことがわからないと、幸せへのかじ取りも難しくなってしまいます。人生は選択の連続、ところが、私たちが選択の基準に選んでいることの多くは、

「過去の自分の経験」「過去の情報」なのです。

それは、現在の自分にはもう**〈古い基準〉**かもしれません。
その**〈古い基準〉**が、**「思い込み」「常識」「枠」**として、自分を縛るものになっていることがあります。過去の自分を基準にするのではなく、**今の自分の基準を見つける**ことこそ大切なのです。

【自分の「本当の声」に耳を傾けるには？】

自分の「本当の声」を知りたくはありませんか？　それは、意識の上にあるとは限りません。むしろ潜在意識や無意識と呼ばれる部分に隠れています。
だからこそ、言葉にするのが難しいのです。
「言葉として表現しにくいなんとも言えない思い……」
ここに自分の本当の声があります。

言葉にするのが難しいなら、どう耳を傾けたらいいのでしょうか？
その答えのひとつは、
「言葉ではないもので表現する」ことなのです。

そのために、香りを使ったり、イラストを使ったり、カラーを使ったり、体の反応を使ったりと、さまざまな手法が編み出されています。大切なのは、自分にあった手法を使うこと。楽しく取り組めることが望ましいでしょう。苦行だと継続することが難しくなります。

【フォーチュンアートってどんなもの？】

「～生まれてくる前に描いていた青写真通りに、今の命を生きること～」
フォーチュンとは、そんなイメージです。

生まれてくる時に、一度手放してしまったかのように思える青写真を、私たちの魂は決して失うことはありません。忘れてしまった青写真を思い出し、その目的地を目指す旅。旅するあなたに必要な気づきやメッセージを与えてくれるのが**「フォーチュンアート」**です。
アートと言っても、塗り絵をベースにしていますので、図案に点や線を自由に描き込みながら、誰にでも簡単にできるようになっています。

フォーチュンアートを描くことで、潜在意識を表現することができます。
そして、質問に答えていくことで、過去、現在、そして未来が整っていきます。

フォーチュンアートは輝く未来をつくるための**潜在意識の入り口**として、とても効果的なツールなのです。

【フォーチュンアートは自分を映す鏡】

自分で見えている部分は自分で意識できます。 でも自分で意識できない（していない）部分は見えません。だから自分を鏡に映して俯瞰してみる必要があります。
フォーチュンアートは、塗り絵の手法を使って、誰にでも簡単に、
潜在意識にあるものを鏡のように映し出してくれます。
自分の目で見える形に変換できるのです。

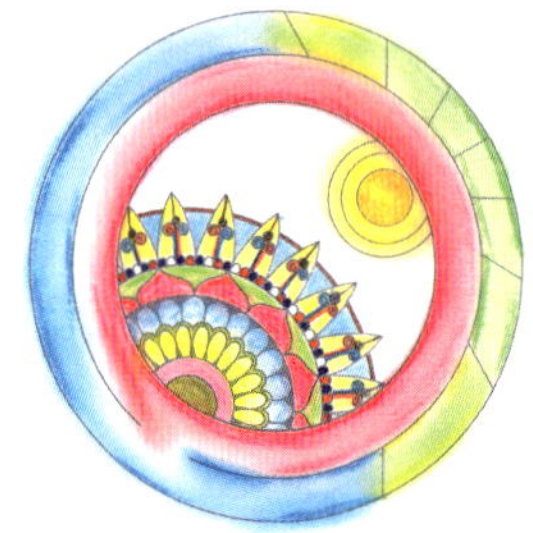

【より自分らしく生きる、なりたい自分になる】

未来をつくる時に大切なものは、２つの視点です。
カーナビに例えてみます。「目的地」に行くためには何が必要でしょうか？
大切な視点は「目的地」と、もうひとつ「現在地」です。
現在地がわからなければナビゲーションは動きません。

あなたが叶えたいことはなんでしょう？　まず「ゴール」を想い浮かべましょう。
その理想の「目的地」までのナビゲーションを働かせるために、現在地を確認しましょう。その方法は簡単。 まず１枚、フォーチュンアートを描いてみてください。

フォーチュンアートと質問を通して、自分の「現在地」を知ることができます。
このワークは、**望む生き方を自分で引き寄せるワーク**です。
輝く未来は自分でつくることができるのです。

【まずは体験！ フォーチュンアート】

心おもむくままに描いてみよう！
まず、お好きな図案を選びます。（巻頭の図案を切り取ってお使いください）
ボールペン、色鉛筆、カラーペン、パステル、水彩など、画材は自由です。

ゆったりとした時間の中で、
◎線や点、好きなモチーフを描き加えたり、
（描き加えてもいいし、加えなくてもいいし）
◎色を塗ったり、
（塗ってもいいし、塗らなくてもいいし）

思うがまま、感じるままに、ワークを進めてください。綺麗に仕上げる思考は要りません。
ここからは、望む生き方を引き寄せる時間です。

絵を描いたのち、ワークシートの質問に答えていくことで本当の自分の心の声をひも解けます。

絵を描くだけでも、心を落ち着かせ、癒しの効果があります。
エッセンシャルオイルを使うのもいいでしょう。
お気に入りのエッセンシャルオイルを楽しみながら……、
ヒーリングミュージックを聴きながら……、
力を抜いて自由に描いてみましょう。

【ワーク①「自分」から気づく「わたし」】

それでは、描きあがったフォーチュンアートをご覧ください。このワークが終わった時に、どんな気持ちになっていたいのかイメージをしてみてください。
それから下記の質問に順に答えていきます。それでは、最初の質問です。
(アドバイス：レイチェル・マツダ)

Check

質問 ①手元で眺めてどんな感じがしますか？

答

ひとつのものを見ても、見る人によって様々な感じ方や受け取り方があります。
華やかな原色のワンピースを見て、「わぁ～！ エネルギッシュ！ これを着たら元気が出そう！」と思う人もいれば、こんな奇抜で下品なワンピース嫌だわぁ」と思う人もいます。どんな風に感じるか？ の答えはすべて正解。あなただけの真実なのです。
あなたは、あなたのフォーチュンアートを見てどんな風に感じますか？

Check

質問

②どこに目がいきますか？
③なぜそこに目がいくのでしょうか？

答

とてもうまく表現できたところに目がいく人がいます。反対に上手くいかず、ちょっと失敗だったかな？　と思うところに目がいく人もいます。いずれにしても、あなたが一番気になっているところです。
上手く表現できているところに目がいくあなたは、きっと様々なシーンで褒め上手な方ですね！　また気に入らない部分に目がいくあなたは、自分に厳しく、律した方ではないでしょうか？　多くの日本人は、上手く表現できた部分より気に入らない部分に目がいく傾向があります。それは、謙虚であることが美徳だという教育と繋がる部分かもしれませんね。

Check

質問

④離れて見てみるとどう感じますか？
⑤手元で見た時と離れて見た時の感じ方の違いはなんですか？

答

離れてみると視点が変わります。このワークを体験した多くの方は、見え方の変化に大きな驚きを覚えます。
近くから細部を観察することにより、そのものの素敵な部分や気に入らない部分がより鮮明になり、意識は強化されます。
しかし、離れてみるとどうですか？　手元で見た時に「ここが素敵！」と思っていた部分、「気に入らないなぁ」と思っていた部分に、なんらかの感じ方の変化があったのではないでしょうか？

フォーチュンアートを 1.5 メートルくらい先に立て掛けて、離れた距離から見て、感じたことを書いてみましょう。

この世界には外見を映す鏡と内面を映す鏡があります。外見を映す鏡は私たちはいつも使っていますね。この鏡があるから、自分の顔や姿を見ることができるのです。この鏡はいつでもありのままの私を映し出してくれます。
二重のパッチリとした目が良いと思っても、一重の切れ長の目だったら、鏡はそのままの自分を映し出します。シワや白髪があったとしたら、それもないことにはしてくれません。鏡がなければ自分の顔を見ることができないように、私たちは「自分の内面」＝「心」も自分では見ることができません。では内面はどのようにして見ることができるのでしょうか？

「内面」＝「心」は、自分の周りにいる人たち、起こる出来事、目に入るもの、聞こえるもの、感じるものを通して映し出されるのです。これを《鏡の法則》と言います。
これから、描いたフォーチュンアートを**「心の映し鏡」**として、自分の内面と向き合っていきます。

Check

質問 ⑥自分のことをどう見ているのでしょうか？

答

このフォーチュンアートをあなた自身だと思って見てみると何を感じますか？

では、次頁の実際のアートを見ながら解説していきます。
このアートを描いたＹさん（30 代女性）は手元で見た時に、「春の小川とお花畑でワクワクする感じ……」と答えました。そして、真ん中の土を表した部分に目がいくと話し、その理由に、その部分にいろいろなものが隠れている気がするから……と答えました。

主観的に自分で自分のことをどう見ていますか？　という問いに、「ふわっとしているけれど……、なんだか型にはまってしまっている感じがする」と答えました。

どんな人でも質問をされると、さまざまな思考を巡らせ、自分独自の解釈で答えを自分の中に探し始めます。

このＹさんは、自分のことをふわっと可愛く、自由で優しい感じがするけれど、本当の自分の中心は型にはまっていて、たくさんの可能性があるのに閉じ込めている感じがする……と答えを見つけました。Ｙさんは、自分の中のたくさんの可能性を「目がいく部分」として、すでに見つけていたのです。

もう１枚見てみましょう。
このアートはＴさん（20 代男性）のアートです。手元で見た時に、「柔らかくていろいろなパターンがある感じ……」と答えました。そして、緑の葉っぱの部分に目がいき、その理由として、「色合いが柔らかできつくないところがとても良い！」と答えました。

主観的に自分で自分のことをどう見ていますか？　という問いには、もっと図案に書き込みをすれば良かったと思う、と前置きをして、「軸はあるけれど、まだまだ細いし広がりが足りないように感じる。やりたいことを始めようとしているけれど……、まだ枠の中にいて、一歩が踏み出せていない気がする……」と自己分析をされました。

さらにもう１枚見ていきます。

このアートはMさん（40 代女性）が描かれたものです。

手元で見た時に、「心地良く飛んでいく感じ……」と答えました。どこに目がいくか？　そして、なぜそこに目がいくのか？　という問いには、「オレンジの花に目がいく。そこはエンジン（原動力）みたいな感じがするから……」とお答えになりました。

主観的に自分のことをどう見ているか？　の問いには、「オレンジのエンジンのプロペラを回して、行きたいところに動き出そうとしている姿。発進しようとしているけど……まだ隠れている」と自己分析されました。

このワークは「自分で観察する」そして「自分で気づく」ことを大切にしています。どこにも根拠のない……ふと、浮かんでくる思いを拾い上げることが重要なことなのです。

Ｙさんの絵

Ｔさんの絵

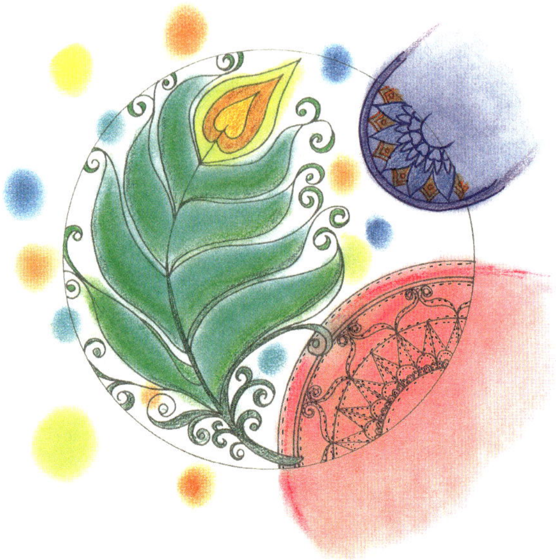

Mさんの絵

では、もう一度フォーチュンアートをご覧ください。手元で見た時に感じたことは、「自分を主観的に見た時」と共通していることが多くあります。それは自分の姿を手鏡で見ているような状態です。気になる部分が良い悪い、ということではなく、ただ拡大鏡で見ている感覚です。

例えば、自分の顔に気になるホクロがあったとしましょう。この気になるホクロは、鏡を見るたびいつも気になります。鏡を見るたびホクロが目に入るのです。この人は、他人の顔を見た時もいち早く、その人のホクロを見つけることができるでしょう。気にしている部分には意識が向くからです。同じように、顔にホクロがあったとしても、それより最近増えてきた目尻のシワの方が気になる人には、ホクロが目に入らないのです。ホクロよりシワに目がいくからです。そして、他人の顔を見る時にも目尻のシワを見てしまうのです。誰もが、自分の気にしているところに目がいきます。そのように見ていくと、フォーチュンアートを手元で見た時に感じたこと、目がいった部分とその理由は、

「自分で自分のことをどのように見ているのか？」
「どう思っているのか？」

ということに繋がっていきます。

Check

質問 ⑦離れて見た時、客観的にどのように映っていましたか？

答

では、もう一度Ｙさんのアートを見てみましょう。

Ｙさんは、離れて見た時には、「春の小川もお花畑も明確には見えず、柔らかな丸がたくさん不規則に散りばめられていて、真ん中の部分だけでなく、隠されているものが全体にいっぱいあった」と答えました。

客観的に自分のことを見た時にどのように見えましたか？　という問いにも、「自分で思い描いていた自分とはまったく違っていた！　自己主張が激しく全然型にはまっていない。けっこう個性的……に見える！」と驚いていました。

他人からは、「しっかりと自己主張できる自由で個性的な人」と見られているということですね！

Ｔさんはどうでしょうか？
離れて見た時の印象を「広々としてバランスが良い感じ……それぞれの色が調和している」と語りました。

客観的に自分のことを見た時にどのように見えましたか？　という問いには、「様々な才能を持っていて楽しそう！　まだまだ広がっていく可能性を感じる！　けど……今は何かが足りない気がする」と答えました。

他人からは、「たくさんの才能を持っていて楽しそう！　まだまだ成長の可能性を感じる人」と映っているのでしょう。

Ｍさんはどうでしょうか？
離れて見た時の印象は、「好きな色が調和していて、手元で見るよりもピンクとブルーの重なる円がはっきりと目立つ……」と答えました。

客観的に自分のことを見た時にどのように見えましたか？　の問いには、「大切にしている部分がハッキリしている！　今、そこを育てているのだと思う……。そのために、今までの経験を生かしていくのだと思う！」と嬉しそうに大きくうなずきました。

他人からは、「自分の大切なものがはっきりとしていて調和のとれた人」と映っているのでしょう。

ＹさんもＴさんもそしてMさんも、手元で見た時の印象と、離れて見た時の印象の違いに顔を見合わせて大笑いしていました。

このフォーチュンアートを「あなた白身」だと思って見た時に、
どのようなものを感じるでしょうか？

離れて見た時に感じたことは、**「自分を俯瞰して客観的に見た時」**と共通していることが多くあります。それは、自分の姿を姿見で映しているような状態です。

先ほどの、気になるホクロや目尻のシワを思い出してみましょう。
姿見に映った姿は、自分の気になるホクロや目尻のシワをどのように映しているでしょうか？　それより全体的な服のバランスや立ち姿、姿勢などに目がいくのではないでしょうか？

フォーチュンアートを離れて見た時に感じたことは、
他人から見られているイメージと多くの共通点があるのです。

私たちは外側の要因によって、
嬉しいこと、悲しいことが起こっていると考えがちですが、実は

自分が自分にしていること
自分が自分に言っていること
自分が見ている世界
自分が信じている世界

が現実に映し出され、それを体験しているのです。
例えば、「もっと頑張らないと認めてもらえない！」と自分を追い込んでいたら、
「もっと頑張らないと認めないよ！」と追い込む人が目の前に現れます。

愛と感謝を持って人と接すれば、笑顔が返ってきます。あなたの周りに笑顔が溢れているなら、あなたは愛と感謝に溢れた人だということになります。
今、不平不満の多い現実であるなら、自分に問いかける言葉を変えてみると良いでしょう。外側に現れる「不満」や「なんとかしたいこと」は、実は私が私に言いきかせていることなのです。

フォーチュンアートはひとつの鏡ではありません。あくまでも目がいった部分がひとつの鏡となります。別のところを見ると、それは別の角度から自分を映すもうひとつの鏡になるのです。

今度は、あなたの輝く未来を映す鏡として見てみましょう。
直感的に指を差して答えて見てください。

Check
質問

⑧輝く未来はどこに映っていますか？ それはどんな未来を表しているのですか？

答

Ｙさんの輝く未来は、「真ん中の流れているところ……で、カラフルで自由な味のある人生」だそうです。

先ほど、気になるところは？　の問いには、真ん中の土の部分と表現していたのですが、「土から流れ（動き）が出てきました！」と仰いました。ワーク中に意識が変化して、新しい可能性があることに気づかれたのでしょう。

Ｔさんの輝く未来は、「右上の青と紫の部分……」で、「次の美しい模様に繋がっていくまだ見えていない部分の広がりを、心の中でイメージすることができた」と笑顔で答えました。

Ｍさんの輝く未来は、余白の部分（色を乗せていないところ）で、「さまざまな色が混ざって生まれるものを味わっていく。融合かな……。未来への希望や楽しみが湧いてきます。自分ができることをひとつずつやっていきます！」と力強く答えられました。

このフォーチュンアートは、自分のことを見ることもできます。
他人から見られている姿を見ることもできます。
望んでいる未来を見ることもできます。

それはカーナビのようなものです。目的地だけ入れてもナビは動きません。現在地も必要です。現在地と目的地がわかった時に、はじめてルートが導き出されるのです。

このフォーチュンアートを描いたことで、

主観的に自分のことをどう見ているのか？
客観的に見るとどう見えるのか？
他人からどう見られているのか？
そして、どんな未来を望んでいるのか？

という、現在地と目的地を見ることができます。
次は、輝く未来を引き寄せるために何ができるだろうか？ と考えてみましょう。

Check 質問

⑨まず、どんな一歩を踏み出しますか？
今日からできる、スモールステップはなんですか？

答

一番大切なことは、「輝く未来を受け取ることを自分に許可すること」です。

私は、楽しんでもいい
私は、幸せになってもいい
私は、豊かになってもいい
私は、愛されてもいい
私は、喜んでもいい
私は、認められてもいい
私は、欲しいものを手に入れてもいい
私は、自由になってもいい

あなたが、あなた自身の中に価値を見出す時、他人もあなたを価値ある存在として扱ってくれるのです。あなた自身が価値ある存在だと認めていると、外側もそれを反映して、自分を価値ある存在だと思う人が集まってきます。

“自分を価値ある存在だと認めている人は、他人にも同じように価値ある存在だと認めているので、あなたは他人からも価値ある存在だ……と扱われるのです。”
（奥平亜美衣『引き寄せ手帳』より）

【フォーチュンアートはあなたの内面を映す鏡】

外見を映してくれる鏡も、内面＝心を映してくれる鏡もありのままを映し出してくれます。鏡を見て寝癖に気づくことができるように、自分の目の前に現れる人、自分が見えている世界を通して、自分の心の癖や無意識のパターンに気づけます。寝癖に気づけば鏡を見て直せばいいように、自分の周りを見て変えたいものは変えていけばいいのです。

もし、あなたを傷つける人がいたら、
まずは自分が自分を傷つけるのをやめましょう。

もし、素敵だなぁと感じる人がいたら、
あなたも同じように素敵な人だということです。

あなたの見ている世界はどんな世界なのでしょうか？
あなたの過去、現在、未来、性格、強み、弱み、夢、お金、人間関係、学び、仕事……フォーチュンアートからあなたの知りたいことのすべてを知ることができます。

現実世界に輝いて見える光はあなたの中にある光です。
この世界はあなたの中の光によって輝いていくのです。

【ワーク②「あなた」から気づく「わたし」】

自分で描いた絵ではないものから、自分を見つめることもできます。
写真の中から１枚気になる絵を選んでください。

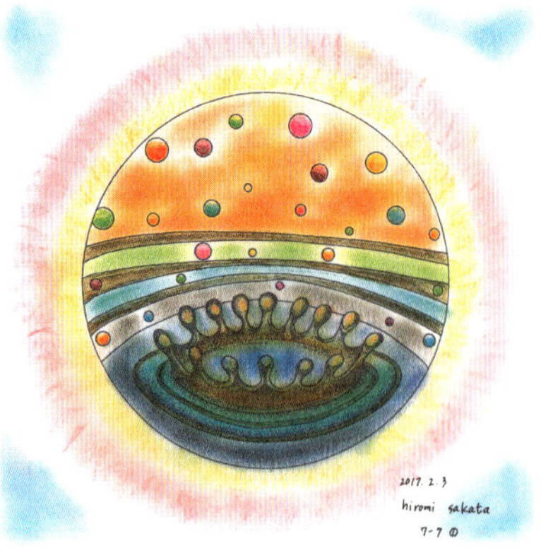

Check

質問

手元で眺めてどんな感じがしますか？
共感できるところはどこですか？

答

「ここが好き！　私もきっと同じような表現をするだろうなぁ」
「自分にはこんなアイデアは無かったけれどとても素敵！」など、
共感できる『好き』な部分とその理由を考えてみましょう。

Check

質問

共感できないところはどこですか？

答

「ここが嫌い！　私だったらこんな表現はしない」
「ここがどうしてもしっくりこない……」など、
共感できない『嫌い』な部分とその理由を考えてみましょう

これも実際のワークから例をあげていきましょう。
このフォーチュンアートは（40 代女性）のものです。
このアートを見て、Ｓさん（50 代女性）は、

共感できる部分…黄色く塗られた丸い部分
その理由…元気がいい感じがするから
自分の輝く部分…はっきりしていて元気！見た目が明るい！

共感できない部分…中心部分の色が分かれているところ
（青、赤、黄、緑）
その理由…不調和に感じるから嫌い
自分の隠しておきたい部分…調和がとれていない

このフォーチュンアート（30 代男性）のものです。
このアートを見てＮさん（40 代女性）は、

共感できる部分…青く塗られた丸い部分
その理由…わたしの心の色だから（大好きな色）
自分の輝く部分…中心に純粋さをいつも持っている

共感できない部分…外側の線（ピンク、赤、オレンジ）
その理由…タワシのようで、傷つきそうで痛いイメージがある
自分の隠しておきたい部分…荒削りでトゲトゲして固いところ

読み解きのヒントです。

たとえば、「共感できる部分……グリーンの色が多く使われているところ」と感じたあなたは、グリーンという色にどんなイメージを持っているのでしょうか？

木のイメージですか？

⬇

どんな木を思い浮かべていますか？

⬇

思い浮かべている木によって、「凛としている」「ゆったりとした感じがする」「守られるような感覚」などキーワードになるものが違ってきます。

葉っぱのイメージですか？　野菜のイメージですか？
または、イモムシやカマキリなど昆虫を思い浮かべますか？

同じ色や形からでも、それをキッカケにイメージするものは人それぞれなのです。「ここが好き！」をキッカケに、なぜこの部分が好きなのだろうか？　を是非、見つけてみてください。その見つけた理由はあなたの輝く部分と繋がっています。それをたくさん見つけてください！

また、共感できない部分は、影の部分です。

例えば、「塗り方に規則性がなくて落ち着かない……だから嫌い！」という方は、なぜ規則性があると落ち着くのかを考えてみましょう。

「規則性があると安心」「安定している」「リズムがある」「変化が苦手」「自由が怖い」など

⬇

先を読むことができる

⬇

先が未確定だと不安

⬇

未来への不安を抱いている

このように、「なぜ？」の向こう側にあなたが受け入れられない何かの思い込みが潜んでいます。

共感できる部分というのは、あなたの中にある光の部分です。

ここが素敵！　と思えるところは、自分にもその要素があるからこそ共鳴して素敵に輝くのです。こんなアイデアは無かったけど……。と思うところは、まだ表現できてはいないけど、すでに芽が出てきて育っているところです。もう表現する準備はできています。

共感できない部分は、あなたの中にある陰の部分です。

ここが嫌だなぁ……。と思うところは、その要素を持っているのに隠しておきたい、認めたくない、気づきたくない……。というところを表しています。

例えば、線からはみ出しているのが気になる……という人は、枠から出ることが苦手だったり、きちんとしなければならない……、と思っているかもしれません。また、嫌だと感じる部分は、本質的に一番あなたが認めて欲しいと感じているところとも繋がっています。

私たちは鏡がなければ、自分の顔を見ることはできません。鏡はいつもありのままを映し出してくれています。ありのままを映し出してくれているけれど、それをどうとらえるかで現実は変わってきます。シワが増えた顔を見て、「老けたなぁ」と思う人もいれば、「味わいのある顔」だと思う人もいるでしょう。今までは全く美容に興味がなかった人が、シワをきっかけに美容に興味を持ち、新しい世界を切り開くこともあるかもしれません。

ありのままの自分を見て、輝かせるのか不幸にさせるのかは、

すべて自分で選択することです。

※当書籍のご感想を頂いた方に、より深く、楽しく気づいて頂くために、簡単なワーク紹介動画と、とっておきの図案をプレゼントさせて頂きます。ＱＲコードからお申込み下さい。

体験！　奥平亜美衣 はじめてのフォーチュンアート！

レイチェルさんのフォーチュンアートに挑戦するのは、これが３回目です。レイチェルさんのワークを重ねる度に、より心の有り様がクリアに目に見えていくのを感じます。そしてそれと同時に、感情や自己認識が整理されていく感覚を覚えます。「引き寄せ」でまず最初に大事なことは「本当の望み」に気づくことです。私は自分自身、自分の内面について常に観察し、気づいている方だと思っていますが、こうして、目に見えない「心」が目の前に形として現れてくると、あらためて自分の心の状態を客観的に俯瞰して眺めることができる気がします。

客観的に自分の心を見つめるということは、とても大切なことです。私たちは時として、「本当の望み」を見つめることをせずに、現実社会で「それができるかどうか」の制限をかけて

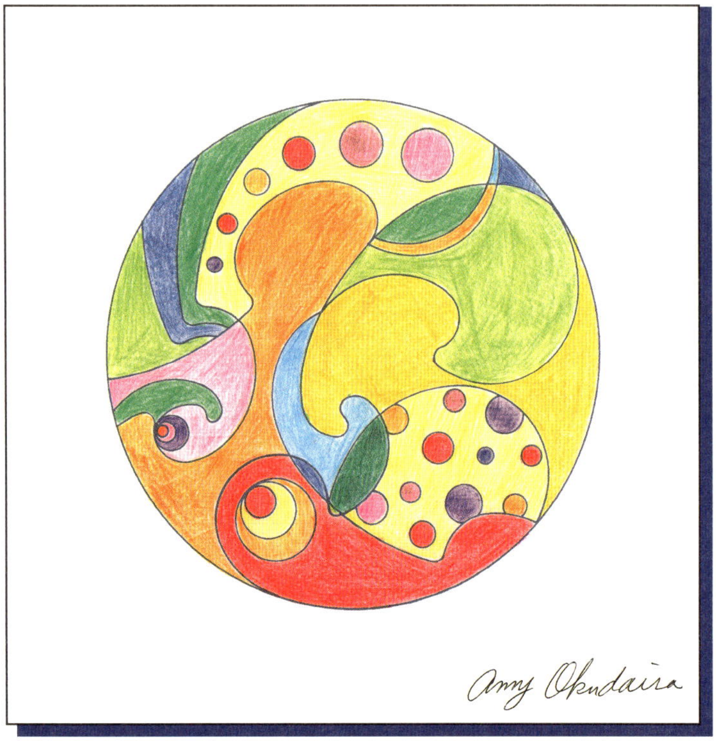

直筆ワーク全公開！

ゴールを思いえがこう

素敵な本のできあがりが
想像できている。

近くからみたときのいんしょう

どんな感じがしますか？

ポップな感じ

どこに目がいきますか？

下の赤のところ

なぜそこに目がいくのだろう？

一番濃くて主張があるから

遠くからみたときのいんしょう

どんな感じがしますか？

花畑や生き物のよう

感じ方のちがいは何ですか？

近いとバラバラ感がある
遠くは、ひとつにまとまって見える。

しまいがちです。もしくは、ネガティブな経験やセルフイメージに囚われてしまうと、自分を低く見積もってしまったりします。そうして少しずつ「本当の望み」から離れていってしまうのです。このワークで自分の心を見つめ、それにジャッジをすることなく、どんな自分の心も受け入れて認めてあげると良いでしょう。私たちはひとりひとり、誰もが掛けがえのない素晴らしい存在です。それを自分自身が受け入れ認めることから始める──それにこのワークはピッタリです。

フォーチュンアートを少し離れて眺めてみると、印象がガラッと変わってきます。ひとは落ち込んだりしてしまうとその感情に囚われてしまいますが、こうして離れて自分の心を眺めることで、限られた小さな視点を抜けだして、大きな視点を持つことができます。私は自分自身のフォーチュンアートを見て、主観的には「自分がやはりハッピーな人生を生きようとしていること」を見つけました。そして客観的に見るとそれは、まるで自然の一部のようにイキイキとして、宇宙そのものかのようなまとまりのあるものとして映ったのです。やっぱり、宇宙には愛の流れしかなく、私の心もまたその一部であること、そしてその概念を私自身が受け入れているということを、フォーチュンアートは目に見える形で、私に再認識させてくれたのです。

どのようにうつっていますか？

しゅかんてき

私の中の楽しい部分

きゃっかんてき

自然で綺麗

あなたのかがやく"みらい"はなにですか？

どんなかがやく"みらい"をあらわしていますか？

一番印象に残った赤の部分。
情熱を持って活動している。

まずはどんな一歩をふみ出しますか？

仕事を厳選する。
スケジュールに余裕を持つ

どんなメッセージを受け取りましたか？

どんどん魂の喜びを追求する。
遠慮せず光の方向へ

あなたは今日、何に気づきましたか？

やっぱり楽しいこと、情熱を持てることが好き。

フォーチュンアートの魅力と、本書のできるまで

奥平：去年の夏ぐらいに、子どもと空港の本屋さんに寄りました。そこにマインドフルネスカラーリングという外国の塗り絵の本が置いてありまして。

マツダ：今アメリカでもすごいブームですよね。

奥平：それをパラパラ見ていたら、こういうのすごくいいな、自分と向き合う時間になるし、何も考えていない、何か集中している時間がつくれるなと思って……。ちょうどその日に私はネイルの予約を入れていたのですが、ネイリストの方が「来月マンダラの先生がうちに泊まりに来るのよ」と言うのです。「これは、引き寄せたな」と。ずっとその前から繋がっていて導かれているなというような感じで。

マツダ：もとはと言うと、11年前、三男が小学2年生の時です。それまでは彼に何かの障害があるということを全然気づかないまま過ごしていたのですが、突然、言葉でのコミュニケーションが取れなくなり、自閉症だと診断されたんです。驚きと戸惑いの中、いろいろなことが重なるように起こって、私はとても心を痛めて鬱になってしまったんです。その時彼はずっと家の中にいて学校にも行けず、何をしていたかというと、毎日毎日絵を描いてその辺に放ってあるのです。それを見た時に「きっとこの子の心を代弁するものがこの絵に違いない」という、そんな思いがふっと湧いてきました。これが、彼とのコミュニケーションの手がかりになるということを直感的に確信し、アートセラピスト養成スクールに通って自分で読み解こうと思ったんです。藁にもすがる思いだったのですが、それがきっかけで私はアートセラピストの肩書きを持つことになりました。
はじめは単純な曼荼羅の図案に塗り絵をしてもらうというところから始めたのですが、図案

に自分の描きたい線や点、更に自由に何かを描き加えるということで、もっと自分のことを表現できるようになるのではないかと思いつき、このワークのもとができあがっていったのです。

奥平：その時にはこの本のメソッドのようなものは確立されていたのですか。このワークを通じて一番わかることはなんでしょう？

マツダ：そうですね。自分とは何だろう？　とか、やりたいことは何だろう？　と日常的に自分の中で問うている人は多いと思うのですが、それは大抵いつも主観的なものなのです。それを客観的に見るとどうなるのか？　というところに着目するにはどうすればいいのかを、ワークショップを続けながら模索し続けたんです。その結果、このシンプルな質問に答えること、そしてその答えはすべて正解であるというところに着地したんです。

奥平：もう答えがそこにあるというか、自分が設問に対して答えたことについての意味付けも自分でするということですね。

マツダ：意味を深めていくことは自分でしかできないと思うんです。そこで気になった色や形に対して、「この形にこだわるということは自分にとってどういう意味なのか？」、また、「この花びらの黄色は私にとってどんな意味があるのだろうか？」と自分に問いかけることによってその形や色に繋がるものを自ら探し紐解いていくことになると思うのです。そうして、どんどん深めていく。不正解はありません。自分自身が感じた答えのすべてが正解なのです。

奥平：自分が無意識に色を付けたものについて、自分で意味付けをしていくという……。

マツダ：そうですね。その中で絵を近くから見ることは、自分を主観的に見ていることに繋がり、離れて見ることは全体像を把握して、客観的に見ることに繋がっていることに気づいていくんです。現実の今ここに、自分がどのような状態でいるのかということを主観的に言語化して知ることも大切なことですが、それと同時に、客観的に見た時にどのような自分の姿が見えるのか？　視点を変えることによって何が見えてくるのか？　これを言語化することが現在地を知る大きな手がかりになります。

奥平：現在地というのは「本当の自分」ですね。

マツダ：この絵はたった１枚の絵ではないんです。視点を変えることによって捉えるものが変わってきます。ミラーボールのように、現在地もわかるし、未来もこの中に見えてくるんです。

奥平：この質問に答えていくうちに、自分の未来をどうしたいか、具体的にどういう一歩を踏み出すかという、そのインスピレーションが湧いてきて言語化できる感覚があります。それから、思考ではなくて感覚が優位になるというのも面白いところだと思います。

マツダ：はい！　図案をパッと見た時に、瞬間に何かを感じると思うのです。尖ってる感じが嫌だなぁ……とか、曲線の組み合わせが優しくて緩いなぁとか……。理屈ではなく瞬間に感じるものを大切に拾い上げてください。何を感じてもＯＫなんです。感覚優位になるための導入ですね。香り（エッセンシャルオイル）を使うのも右脳を優位にするためのちょっとしたツールです。

奥平：私はあまりこういうワークをしたことがなくて、最初は絵に描いたもので何がわかるとか、予備知識が全くない状態で始めて、１回目は正直あまりよくわかりませんでした。やはり何か絵を仕上げるというと構えてしまうじゃないですか。最後はきれいにしなければいけないみたいな。ただ２回目の時に、質問の答えを考えていくうちに、近くで見た時は「自分が自分をどう思っているか」で、遠くで見たら「人から見える自分」なのだということがすごく腑に落ちたというか「あ、そういうことか！」とわかりました。絵から自分が出てくるというのはこういうことなのだと。その時は、最初から線を入れたいと思っていました。それを遠くから見た時に、すごく結晶のように見えたのです。本当にびっくりしたのですが、全く狙っていないのに、まさかこうなるとは……という感じだったんです。

マツダ：近くで見えるものには描く時に自分の意図が働くんです。この色を塗ったら綺麗に見えるかなぁとか、この線を描くことによって華やかに見せることができるかなぁとか……。でもそのあと遠くで見ることで見えてくるものには意図がないんですよ。コントロールできないということです。自然に浮き上がってくる絵がどういうものになっていくのかということがこのワークの面白さでもあります。

奥平：私はどちらかというと無意識と意識は近いものだと思うのです。だから、自分がこうしようと思っていたことが素直に出たなというような感覚を覚えました。逆に自分自身のイメージとの一致感がない人もいるのですか？

マツダ：そうですね。これは本当に人によります。７～８枚描いてようやく腑に落ちる人もいれば、最初からぴたっとはまる人もいます。

奥平：１枚目から６枚目まではどんな気持ちだったんだろう。

マツダ：自分の中でパズルがぴたっとはまった感覚がなかったのだと思いますが、ワークをしているので、その時々の気づきはあるはずです。顕在意識というか、表面的なところで答えを見つけようとすると何となく知っている自分を確認するだけになってしまいます。潜在意識にある深いところにアクセスできた時に、ずっと気づきたかったものに触れて、確認できた喜びを感じるのだと思います。

奥平：自分がなぜ、こういう絵を描いたかがわかったという感じだったのですね。

マツダ：そうなんです。表面意識のところから１枚１枚描くごとに潜在意識に深くアクセスしていきます。知っている自分から知らない自分に触れることができた時に、「あっ、このままの私で良かったんだ！」ということが納得できるようになります。そんな自分を見つけた時に、自分で描いたフォーチュンアートがたまらなく愛おしく感じたり、自分を抱きしめたくなったり……素直な感情が溢れてきます。何枚描いたらそうなるかは個人差があるのでわかりませんが、多くの方は６～７枚目くらいに大きく描く絵の雰囲気が変わります。

奥平：私と一緒ですね。このワークというのは、何かを目指すというよりも、自分で自分の意味を見つけることで自分を認めるというか……。

マツダ：見えるもの、聞こえるもの、感じるものはそれぞれの個人のフィルターを通すことによって全く違うじゃないですか。人はみんな違うということ、違っていてＯＫだということ、それを自分で見つけてもらうということです。

奥平：それができるのも、このワークの強みということですね。

Notice Art で 心の中を旅しよう！

フォーチュンアートを体験してみていかがでしたか？　心の中が表れた絵に自分で意味を与えていくことによって、新しい気づきを得たのではないでしょうか？　ここからはさらに深く心の奥へと旅してみましょう。Notice Art は幻想的な心の世界を、独自の手法によって、より具体性のあるモチーフで表現したもの。それはきっとより深く、自分の心を内観するきっかけになるはずです。活用のしかたは自由！　メッセージとともに絵からの声を受け取ってみてください。見た印象や湧き出てきた感情をジャッジせず、フォーチュンアートでの質問を思いだしながら、ご自分の感情へ問いかけてみるといいでしょう。

ただ眺めるだけでもいいですし、着色したいものがあったら自由に色をつけてみてもＯＫ。装飾を加えることも自由です。できたものを飾ってみるのも素敵ですね、離れて見た印象はどうでしょうか？　ここはすべてが自由なあなたの心の中の世界です。そして、それに意味を見つけるのもあなた自身。あなたの望みはなんですか？　それを見つけに心の中へ出かけてみてください。

豊かさも喜びも、あなたがそれを素直に望めば、
必ずあなたにもたらされます。
あなたは、それだけの力をもった存在であることを、
思い出しましょう。

言葉
Amy Okudaira
絵
Naosenyum

naoSenyûm

あなたの心に燃え続ける炎。
消そうとしても消えない
その情熱の火を思い出して。

NaoSenyûm

植物が太陽の方向を向くように、
光の方へ、伸びてゆきましょう。
あなたが手を伸ばした先に、
あなたを包む光があります。

NaoSenyüm

生命の神秘、その奇跡を感じてみましょう。
私たちはどこから来て、どこへ還っていくのでしょう。
生かされていることに感謝し、
永遠の命の中の人生の旅を楽しみましょう。

あなたの心が趣《おもむ》く方へ、
力強く羽ばたきましょう。
それは祝福された旅立ちです。

naoSenyum

あなたには、もともとひとつだった魂の伴侶がいます。
それは、この広大な宇宙にたったたひとりの存在。
繰り返す転生の中で、つねにお互いをさがし合い、
いつかひとつに戻る、運命の存在です。

あなた自身の美しさに気づきましょう。
そして、さなぎを脱ぎ、蝶のように羽ばたきましょう。

この惑星に生まれてきた意味を思い出しましょう。
限られた時間の中で、
その美しさを余すところなく味わいましょう。

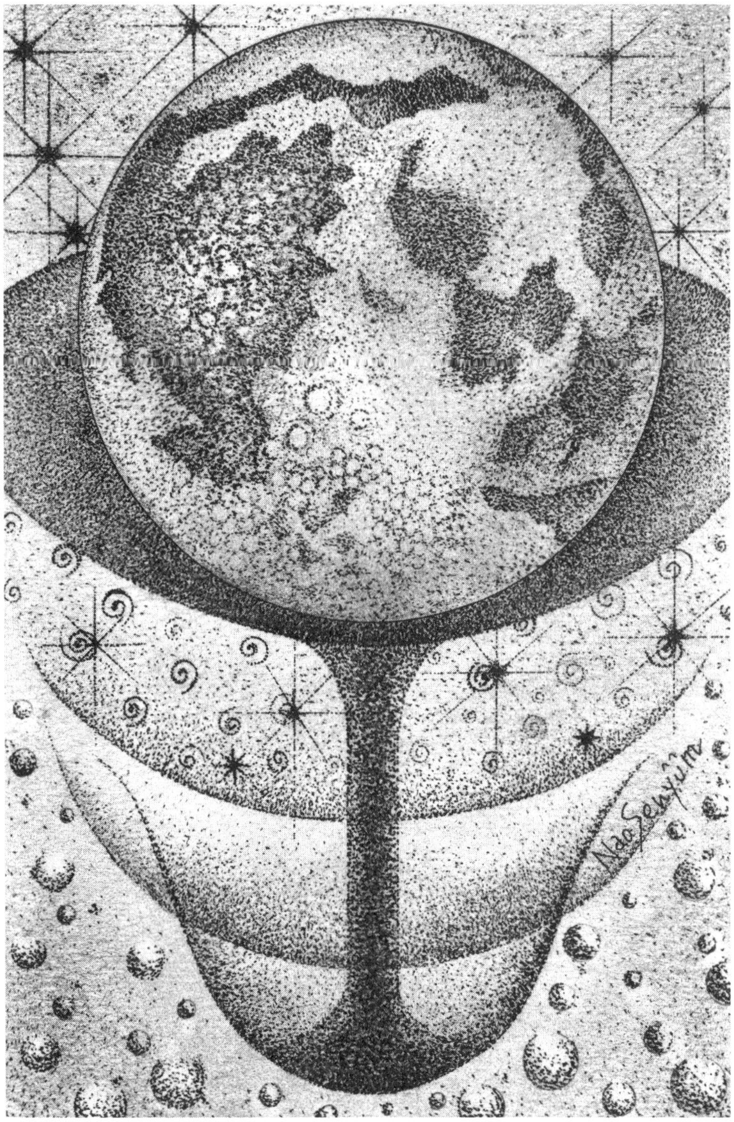

あなたが望む幸せも愛も豊かさも、
あなたの目の前にいくらでも流れています。
その流れをキャッチするのはあなたです。

人生の完璧な流れを
信頼してみましょう。
綿々と連なった
必然の出来事が、
あなたを魂の望みへと
導いてくれるでしょう。

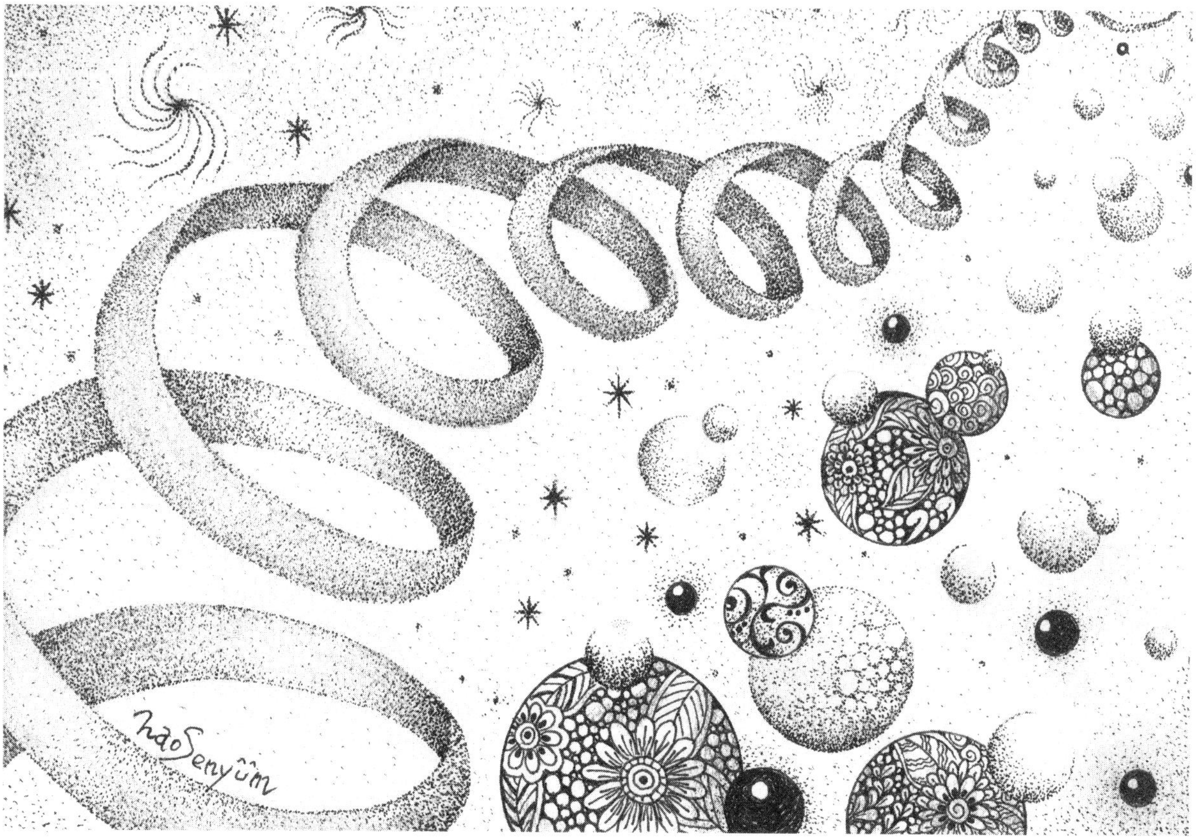

楽しい方へ、
明るい方へ、
喜びの方へ、
自分の足で
歩いていきましょう。

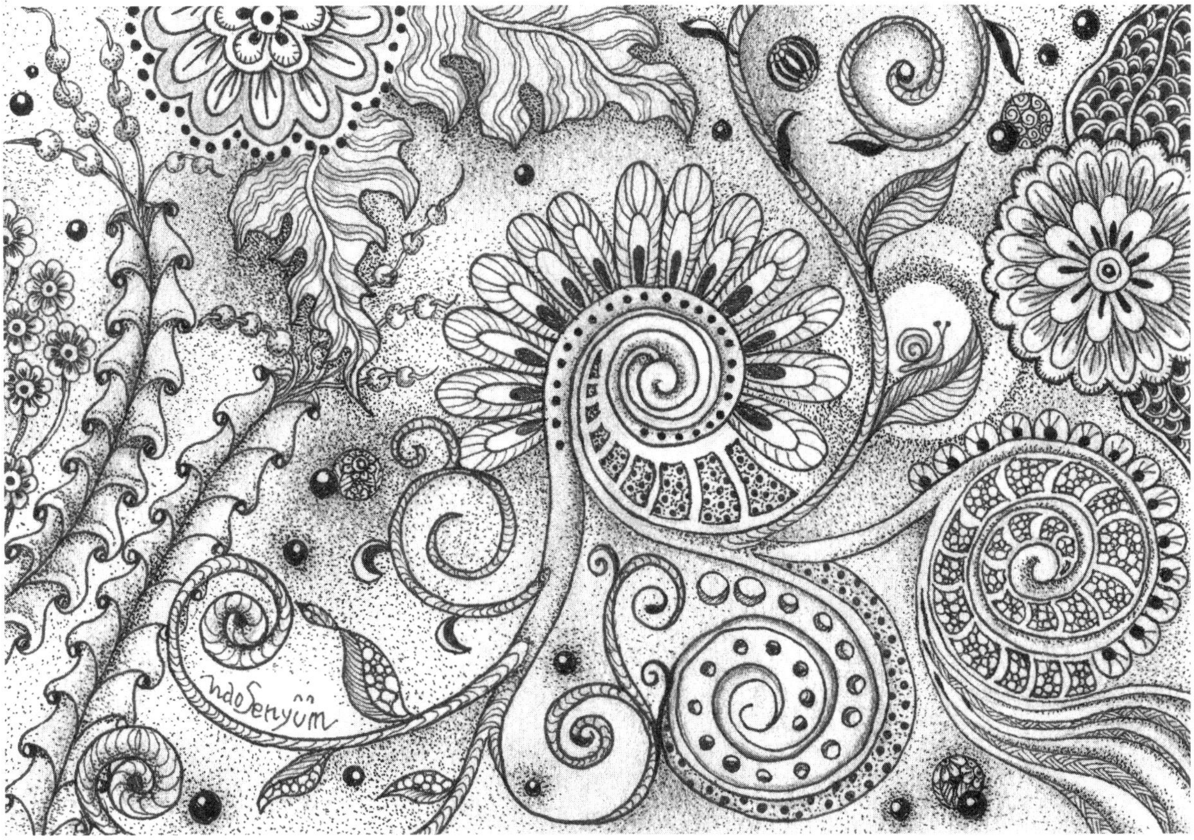

輝く未来は、あなたの現在に重なっています。
あなたの目にそれが映る日は、すぐそこに来ています。

NaoSenjuin

あなたは決してひとりではありません。
いつでもあなたは、厳しくも優しくも、
見守られ、導かれているのです。

自然が奏でる音楽に
耳を傾けましょう。
鳥の声、
風の囁き、波の音。
地球は美しい音楽に
溢れています。

あなたが心に
温かいものを感じるとき、
それが愛です。
愛はいつも、
あなたの中にあります。

あなたの周囲の多様性が、
あなたに選択肢を与えてくれます。
あなたはその中から、望むものを選ぶことができるのです。

あたたかい光と愛を、
胸いっぱい
受け取りましょう。
あなたは、
それを与えられるに
ふさわしい存在です。

Thank you♥
naoSenyum♥

※本書は、2017年6月刊行『新感覚の「塗り絵＆内観メソッド」で気づく
ほんとうの私を見る練習』（弊社刊・産学社発売）の復刻・再刊行版です。

本文撮影／Infel
編集制作DTP & 本文design／小田実紀

本書のご注文、内容に関するお問い合わせは
Clover出版あてにお願い申し上げます。

新感覚の「塗り絵&内観メソッド」で気づく
ほんとうの私を見る練習 スピリチュアル・アートブック

初版1刷発行●2019年8月28日

著 者
奥平《おくだいら》 亜美衣《あみい》　レイチェル・マツダ　Naosenyum《ナオセニュン》（絵）

発行者
小田 実紀

発行所
㈱Clover出版
〒162-0843 東京都新宿区市谷田町 3-6 THE GATE ICHIGAYA 10階　Tel.03（6279）1912　Fax.03（6279）1913
http://cloverpub.jp

印刷所
日経印刷㈱

ISBN978-4-908033-34-6　C0011